Coordination Group Publications

GCSE

Spanish

Answer Book

Practice Exam Papers
Higher Tier

Contents

Working Out Your Grade 3
Reading Test Answers 1, 2 & 3 4
Writing Test Mark Scheme 10
Question Translations 13

These practice papers won't make you better at Spanish

... but they will show you what you **can** do, and what you **can't** do.

Do a test, **mark it** and look at what you **got wrong**.
That's the stuff you need to learn.

Go away, **learn** those tricky bits, then **do the same test again**. If you're **still** getting questions wrong, you'll have to do even **more practice** and **keep testing** yourself until you get all the questions right.

It doesn't sound like a lot of **fun**, but how else do you expect to **learn** it?

There are two big ways to improve your score

1) **Keep practising the things you get wrong**
   If you keep getting low marks for writing a letter, practise writing letters. If you keep making a hash of true or false questions, make a point of reading more carefully.
   And so on...

2) **Don't throw away easy marks**
   Even if a question looks dead simple you have to check your answer and make sure it's sensible.

Working out your Grade

Here's how to convert **marks** to **grades** for the **reading** and **writing** tests.

- Do a test.
- Mark it, and add up all the marks.
- Look it up in the writing or reading test table to see what grade you got.

Writing Test

Mark out of 40	18-21	22-25	26-29	30-33	34-37	38-40
Grade	E	D	C	B	A	A*

Reading Test

Mark out of 45	20-24	25-28	29-33	34-37	38-42	43-45
Grade	E	D	C	B	A	A*

NB You **can't** convert the marks for reading and writing into an **overall** grade for Spanish, because for the real exam you'll have to do **listening** and **speaking** tests as well. Use these tests to get your **reading** and **writing** spot on.

Stick your marks in here so you can see how you're doing

		Paper 1	Paper 2	Paper 3	Grade
READING	First go				
	Second go				
	Third go				
WRITING	First go				
	Second go				
	Third go				

Important

The marks you get on these practice papers are **no guarantee** of getting that in the real exam — **but** they are a pretty good guide.

Reading Answers — Paper 1

Q	Marks	Correct answer

SECTION A — Questions and answers in **Spanish**

TIPS: If you don't understand the instructions in Spanish, take a look at the translations on page 13.

1. The following should be ticked, for 1 mark each:
- 1 — a Una persona sola paga el setenta y cinco por ciento de la habitación doble
- 1 — b Desde las habitaciones se ve la costa
- 1 — d Menú infantil
- 1 — g El IVA no va incluido

TIPS: Ay caramba.

2.
- a | 1 | M
- b | 1 | V
- c | 1 | ?

TIPS: The bit that tells you a) is false is 'anunció hace unas semanas' — 'he announced it a few weeks ago'.

3.
- a | 1 | 15
- b | 1 | i) postman
-   | 1 | ii) housewife
- c | 2 | **1 mark each for any 2 from these 3:** small / pretty / in the country
- d | 1 | 7 (3 brothers and 4 sisters)
- e | 1 | grandparents
- f | 1 | dog (or puppy)

4.
- a | 1 | falda
- b | 1 | el 2 de enero
- c | 1 | demasiado grande
- d | 1 | cambiarla por otra

TIPS: Work out which bit you need, then copy it out. If you're stumped, make a guess — just go for a likely-looking bit and copy that.

5. | 1 | B

6.
- a | 1 | B
- b | 1 | F
- c | 1 | D
- d | 1 | C

TIPS: If you got stuck, go revise your weather vocab. And don't leave any blanks...

7.
- a | 1 | A
- b | 1 | C
- c | 1 | D
- d | 1 | B

TIPS: This one's a bit tougher. For each phrase, read all of the boxes in turn. Double check your answers to make sure you got them right.

GCSE Spanish — Higher Answers © CGP 2002

Q	Marks	Correct answer	
8. a	1	Diez años / 10 años	
b	1	Una vez a la semana	**TIPS:** Don't worry about understanding it all, just try and get the answers.
c	1	Hockey sobre patines, fútbol, natación	eg for c), you don't need to know what 'entrenar'
d	1	No hay mucha gente que juega al baloncesto	means to know they do it once a week.
e	1	No	

9. a	1	V
b	1	M
c	1	M
d	1	M

SECTION B — Questions and answers in **English**

10. a	1	60	
b	1	her purse was stolen	
c	1	a neighbour	
d	1	she was quite young	**TIPS:** Make sure you give all the detail.
e	1	they were worried about Señora Aresti	eg for e), you won't get the mark for just 'they were worried'.
f	1	dirty jeans	
g	1	that they knew him	
h	1	she lost all her money	

GCSE Spanish — Higher Answers © CGP 2002

Reading Answers — Paper 2

Q	Marks	Correct answer

SECTION A — Questions and answers in **Spanish**

TIPS: If you don't understand the instructions in Spanish, take a look at the translations on page 14.

1.	a	1	tiene 6 clases el lunes
	b	1	no tiene muchos deberes
	c	1	Isabel prefiere biología
	d	1	no le gusta el alemán
	e	1	el colegio es bueno

TIPS: Don't leave any blanks. Even if you have to guess you'll have a 1 in 3 chance of getting it right.

2.	a	1	F
	b	1	B
	c	1	D
	d	1	E

TIPS: Get any wrong? Go revise hotel vocab.

3.	a	1	en el siglo dieciocho
	b	1	en Inglaterra
	c	1	un equipo de fútbol
	d	1	un futbolista famoso

4.		1	A — 3
		1	D — 1
		1	E — 2

TIPS: Hello number 2, what's your name and where do you come from? Hardy ha ha.

5.	a	1	J
	b	1	C
	c	1	E
	d	1	G
	e	1	I

| 6. | a | 1 | D |
| | b | 1 | B |

7.	a		Nadie fue herido en el accidente.
	b	1	El accidente tuvo lugar en una autopista. ✔
	c		La gente trató de ayudar al conductor.
	d	1	El conductor se equivocó de carril. ✔
	e		No había otros coches en el carril.
	f	1	El conductor no conoció bien la carretera. ✔
	g	1	El conductor había bebido alcohol. ✔
	h	1	La policía le sometió a la prueba de alcohol. ✔
	i		El accidente tuvo lugar durante el día.

TIPS: Start by going through each statement in turn and working out if it's true. <u>Then</u> go back over it and check you've ticked 5. Don't just tick 5 and move on — you can't be sure till you've read them all.

GCSE Spanish — Higher Answers © CGP 2002

Q	Marks	Correct answer	
8. a b c d e f g h	1 1 1 1 1 1 1 1	B E A I C J D H	*TIPS: Read through your answers to check they'll make proper sentences — eg answer a) can't be F, that'd say 'Tim wants to yesterday'.*

SECTION B — Questions and answers in **English**

9. a b	1 1	because the police don't go there wearing sports clothes	*TIPS: Even if you couldn't speak Spanish, you could have a good guess at these.*

10. a b	1 1 1 1 1	i) it is illegal to sell tobacco to under 16's ii) smoking is forbidden on public transport iii) smoking is forbidden in department stores iv) smoking is forbidden in hospitals they might be fined	*TIPS: ...just put the pipe away, it ain't worth it.*

11.	1 1	i) fuel consumption ii) tyre pressures

GCSE Spanish — Higher Answers

Reading Answers — Paper 3

Q	Marks	Correct answer	

SECTION A — Questions and answers in **Spanish**

TIPS: If you don't understand the instructions in Spanish, take a look at the translations on page 15.

1.	a	1	viernes
	b	1	domingo
	c	1	martes
	d	1	lunes

TIPS: Don't worry about what day viernes is for this question — just write it down in Spanish.

2.	a	1	E
	b	1	G
	c	1	A
	d	1	B

TIPS: If any of these are photos, I'm a walrus.

3.		1	4
		1	3
		1	2

TIPS: You could do this almost without understanding the article. It's not as if she could get dressed before she wakes up.

4.	a	1	C
	b	1	F
	c	1	A
	d	1	H

TIPS: Start with the easier ones, then you'll have fewer to choose from for the harder ones. Elementary, my dear Motson.

5.	a	1	los churros y el queso
	b	1	en restaurantes españoles
	c	1	sabrosa

TIPS: Remember — you don't need to understand everything, as long as you can work out the answers.

6.	a	1	F	*TIPS: F 'cos you have to phone them ('telefonear a C.O.M.')*
	b	1	V	
	c	1	F	*TIPS: F 'cos they do want your age ('tu edad').*
	d	1	V	

| 7. | a | 1 | N |
| | b | 1 | P+N |

TIPS: If you can be a goody-two-shoes, you too can get in Spanish magazines.

8.	a	1	cuestan más
	b	1	son buenos
	c	1	plátanos
	d	1	las de zumo

TIPS: It's not as hard as it might seem at first. The sentences have to make sense, so the answer to a) has to be 'cuestan más', 'cuestan menos', 'son buenos' or 'son malos'. That's cut the choices down from ten to four.

9.	a	1	V
	b	1	M
	c	1	M
	d	1	M

GCSE Spanish — Higher Answers © CGP 2002

Q	Marks	Correct answer
10.a	1	Porque el 21 es domingo
b	1	Ir al colegio
c	1	No reciben el mismo sueldo que los hombres

SECTION B — Questions and answers in **English**

Q	Marks	Correct answer
11.a	1	Juan
b	1	Daniel
c	1	Anita

12.

	advantages of being abroad	advantages of being at home
	it's interesting	it's more relaxed
2	there's lots to do	it's a nice atmosphere
2	there's lots of history	you can meet your friends

Q	Marks	Correct answer
13.a	1	she wants to give up tennis lessons
b	1	they think it's good for her health
c	1	María's — the answer says her parents will understand that it's not worthwhile for her to do a sport she's not interested in

Writing Test Mark Scheme

The writing test's marked out of 40.

You get marks for what you say and the way you say it:

Question	Communication	Use of language	Accuracy of language	TOTAL
1 *(Letter)*	8 marks	6 marks	6 marks	**20 marks**
2	8 marks	6 marks	6 marks	**20 marks**

The more things you get right, the more marks you'll get!
You don't get marks knocked off for making mistakes.

Mark scheme for Questions 1 and 2

- Up to **8 marks** awarded for **Content & communication**.
- Up to **6 marks** awarded for **Use of language**.
- Up to **6 marks** awarded for **Accuracy of language**.

Content & communication

You get a mark out of 8 for **Content & communication** — like this:

Description	Marks
• No worthwhile content. • Occasional accurate words but no clear or relevant message. • The answer is difficult to understand.	0 marks
• A little bit of basic factual information has been communicated. • Hardly any opinions or descriptions. • Verbs only occasionally correct. • Answer is quite difficult to understand.	1-2 marks
• Some basic information has been communicated. • Some attempt to include opinions and descriptions. • Some verb tenses correct. • Most of the answer is relevant and can be understood.	3-4 marks
• Most of the information has been communicated. • Some relevant opinions and descriptions. • Many verbs correct. • Language used is above the basic level. • Most of the answer is relevant and easy to understand.	5-6 marks
• All — or very nearly all — necessary information has been communicated. • Verb tenses are correct. • Language flows well and can be easily understood. • Clear ability to narrate, express opinions and write descriptions.	7-8 marks

If the work **definitely matches** the description then you get the **higher** mark.
If it **only just** matches the description you get the **lower** mark.

Use of language

You get a mark out of 6 for **Use of language** — like this:

Nothing of value except an occasional correct word.	**0 marks**
There are a few accurate words and phrases, but the language is very limited and there may be non-Spanish words and a lot of repetition.	**1 mark**
Some words and phrases are used correctly but are very basic and limited in range. The sentences are usually short and simple and some phrases may be pre-learned.	**2 marks**
There are some correct words and structures. Most of the sentences are short and simple but there has been some attempt to link them together and to include descriptions.	**3 marks**
The range of words and structures is fairly wide and varied. There are attempts to write more complicated sentences and there is some correct use of different tenses. Many descriptions and opinions are successfully expressed.	**4 marks**
There is a wide and varied range of vocabulary and structures. Many of the sentences are complex and correctly expressed. Descriptions and opinions are used correctly.	**5 marks**
There is a wide and varied range of vocabulary and structures and very good use of descriptions and opinions. The language used is complex and always appropriate for the required task. The candidate is confident and has the ability to write fluently and effectively.	**6 marks**

Accuracy of language

You get a mark out of 6 for **Accuracy of language** — like this:

• Almost nothing correct. • Very little grasp of the structure of the language.	**0 marks**
• A few examples of accurate language. • Many basic errors. • Difficult to understand what has been written. • Most spelling, gender and verb formations are incorrect.	**1 mark**
• Some examples of accurate language. • A lot of basic errors, but some of the answer can be understood. • Many spellings, genders and verbs are incorrect.	**2 marks**
• Simple language is usually accurate. • Some basic errors. • Not all spelling and genders are correct. • Verbs aren't always accurate or understandable.	**3 marks**
• Only a few basic errors. • Much of the language, including spellings and genders, is accurate, especially when the language used is fairly simple. • Many verbs are accurate or understandable.	**4 marks**
• Very few basic errors except in more complicated language. • Spelling, gender and verb formations are usually accurate.	**5 marks**
• Very few minor errors. • Language used is complex and highly accurate. • Confidence with different verb formations and complicated structures.	**6 marks**

Question Translations

*A lot of the questions are in **Spanish** (sneaky).*
*If you don't get what it wants you to **do**, use these translations to help you.*

Reading Paper 1

1. Read the advert.
   Four of the phrases are true. Write **V** in the 4 correct boxes.
   Example: The hotel isn't far from the airport
   a) One person staying alone pays seventy-five percent of the double room
   b) You can see the coast from the rooms
   c) Free breakfast for children
   d) Children's menu
   e) You have to book
   f) Free bed up to five years of age
   g) IVA (=VAT) isn't included

2. Read the phrases. Write **V** (true), **M** (false) or **?** (don't know)
   Example: Pili doesn't want to play football any more.
   a) Pili will announce his decision tomorrow
   b) Pili doesn't want to take part in the World Cup
   c) Pili isn't in good health

3. Penfriends.
   Read this information.

4. A letter.
   Fill in the details.
   Example: Name of client
   a) Item
   b) Date of purchase
   c) Problem
   d) Solution

5. The Train
   What does the man like most?
   A the train   **C** the passengers
   B the countryside **D** sleeping

6. The weather
   Put the right letter in the box.
   Example: bad weather in all areas
   a) it's going to rain a lot
   b) good weather for skiers
   c) overcast in the south
   d) it will be cold but it won't snow

7. Adverts
   Write the letter of the advert which fits best:
   Example: The person who needs a good bank.
   a) The person who is not satisfied with the place where they live.
   b) The person who wants a healthier diet.
   c) The person who needs crease-free clothing.
   d) The person who has problems with their transport.

8. Basketball
   Example: How old are the members of the team?
   a) From what age has Sancho been playing basketball?
   b) How often do they train?
   c) What other sports do the members of the team play?
   d) Why can't they play with other teams?
   e) Do they like their kit?

9. Christmas in Argentina
   Write **V** (true) or **M** (false)
   Example: They don't celebrate Christmas in Argentina.
   a) Argentinians speak Spanish
   b) You don't see Christmas trees in Argentina.
   c) Argentinians don't like to dance.
   d) Nowadays they prefer family dances.

Reading Paper 2

1. Read this postcard.
    Put a ✔ in the right boxes.

    Example: there are 5 pupils in my class
    there are 15 pupils in my class
    there are 25 pupils in my class

    a) She has 16 classes on Mondays
    She has 6 classes on Mondays
    She has 7 classes on Mondays

    b) She has a lot of homework
    She doesn't have a lot of homework
    She sometimes has homework

    c) Isabel prefers French
    Isabel prefers biology
    Isabel prefers maths

    d) She likes German
    She doesn't like German
    She's interested in languages

    e) It's a good school
    It's a bad school
    It's an average school

2. At the hotel
    In each box, write the correct letter.

    A I'd like to reserve a room with two single beds for two nights.
    B I'd like to reserve a room with a single bed and a shower.
    C I'd like to reserve a double room with shower.
    D I'd like to confirm a reservation for a room with a double bed and bath.
    E I'd like to reserve a room with three single beds and a shower for one night.
    F I want to confirm the reservation of a room with a single bed and with a bath and television.

3. Football
    Answer in Spanish.
    Example: What is the text about?   Football

    a) When did football begin?
    b) Where did football begin?
    c) What is Real Madrid?
    d) Who is Guardiola?

4. Look for the correct phrase for each person.
    You won't need all the phrases.

    A My parents give me money if I wash the dishes.

    B I don't need much money.
    C My friends don't work.
    D I would like to get money from my parents.
    E I spend all my money as soon as I get it.

5. Read this article.
    Choose the second part of each sentence.
    Example: The day of the Kings is

    a) The Kings come during
    b) The Kings are travelling to
    c) They leave presents
    d) The Kings parade
    e) The children want to show their friends

6. Rosita's work.
    Write the correct letter in the box.
    Example: What does Rosita do?
    A. a lot   B. a little   C. too much   D. enough

    a) What job does Rosita have?
    A. cook   B. waitress   C. nurse   D. housewife
    b) What opinion does she have of her job?
    A. pessimistic   B. positive   C. terrible   D. bad

7. Accident on the motorway.
    Put a ✔ in the **5** most appropriate boxes.
    Example: The accident took place recently.

    a) No one was hurt in the accident.
    b) The accident took place on a motorway.
    c) People tried to help the driver.
    d) The driver got the wrong lane.
    e) There weren't any other cars in the lane.
    f) The driver didn't know the road well.
    g) The driver had drunk alcohol.
    h) The police gave him an alcohol test.
    i) The accident took place during the day.

8. Read this letter.
    Match up the two parts of the sentences.
    Example: Tim received the letter

    a) Tim wants to
    b) Tim is going to Chile
    c) In August
    d) Tim says he wants
    e) To enjoy themselves in Chile
    f) The English group
    g) Tim thinks that
    h) Tim wants to know

Reading Paper 3

1. On what day can you see these telly programmes?
   Example: the programme on economics
   a) the programme on food
   b) the programme on sports
   c) the programme on animals
   d) the programme on holidays

2. Juan's photos
   Example: in this photo you can see Juan's cat
   a) In this photo you can see Juan's garden. He doesn't like to work in the garden.
   b) This photo was taken last year whilst he was on holiday on the coast.
   c) In this photo he was only three. He's playing with his favourite toy.
   d) Juan is very sporty. He plays in the school team.

3. Write the numbers 1 to 4 in the boxes, to indicate the correct order of Elena's activities.
   Example: I wake up
   I go to school / I get dressed / I get washed

4. My Mother
   Read the words, and write the correct letter in each box. You don't need all the letters.
   A tired   B sing   C goes out
   D listen to the radio   E carry
   F sleep   G works   H shops
   Example: my mother ... every day
   a) When she sings, the cat ...
   b) After dinner she wants to ...
   c) On Saturdays she's not ...
   d) She likes to go to the ...

5. Delicious!
   Example: What dish is popular with tourists in Spain?
   a) What other things do the Germans like apart from paella?
   b) Where can you eat paella in England?
   c) What is the paella like that Spanish housewives make?

6. True or False?
   Read this advert:
   True or False? Put a ✔ in the right boxes.
   Example: It is for young people.
   a) You have to write to C.O.M.
   b) You have to tell them your name.
   c) You don't have to tell them how old you are.
   d) You have to tell them what you like doing in your free time.

7. Rafael's Opinions
   What is Rafael's opinion?
   Write P positive
          N negative
          P+N positive and negative
   Example: sports
   a) school
   b) housework

8. Shopping basket.
   Read this article and look for the correct word to complete each sentence.
   They cost more / they cost less / they are bad / they are good / bananas / oranges / lettuces / small / juicy ones / advice
   Example: This article gives *advice* about where to buy vegetables.
   a) lettuces
   b) tomatoes
   c) there aren't any ... left
   d) the best oranges are

9. Pingüino
   Write V (true) / M (false) / ? (it doesn't say)
   Example: The psychologist is called Pingüino.
   a) Fred has hearing problems.
   b) Fred doesn't like the dog at all.
   c) Fred is the psychologist's pet.
   d) After seven months Fred started to read.

10. World feminism day
    a) Why have they changed the date of feminism day?
    b) What can't girls in some Arab countries do?
    c) What disadvantage do some European women have?

Writing Paper 1

1. Your family want to have a student to stay and you see this advert. Write a letter **in Spanish** of **about 100 words** answering the advert.
   Mention:
   - Where you saw the advert
   - The members of your family
   - Your house
   - What there is in your area
   - How you would like to spend a free weekend with your visitor
   - Question: Something about the student who is going to stay in your house.

2. You were on holiday in Spain and you went camping with your penfriend. One day you came back to the campsite and you couldn't find your rucksack.
   Write a report of **about 150 words** for the owners of the campsite. Use these notes for the report:
   - where?; when?; description of the bag and what was in it
   - description of your tent and the nearby campers
   - how did your penfriend react?; what did you do afterwards?
   - how did you spend the rest of the holidays?

Writing Paper 2

1. You receive this letter from a Spanish friend who you haven't seen in a long time. Write a letter of **about 100 words in Spanish** answering her questions.

2. You went on a coach journey through a region of Spain. Write an article of **about 150 words** for a travel magazine.
   Mention:
   - where you went and who with
   - what the region was like
   - what you did
   - a very good day or a very bad day — what happened?
   - if you would like to go on another coach journey or not, and why

Writing Paper 3

1. You went to a birthday party of a male/female friend. Write a letter of **about 100 words in Spanish** describing it to your penfriend.
   Mention:
   - When and where the party was
   - Your present for your friend
   - Something you did
   - If you enjoyed the party or not. Why?
   - What you're going to do for your birthday

2. Your school wants to organize an exchange with a school in Spain and wants to know the students' opinions. Write your ideas on these topics (**about 150 words in Spanish**):
   - the advantages of doing an exchange
   - the possible problems
   - how to travel to the chosen region
   - the facilities for young people
   - the accommodation — with families?
   - the best dates to do the exchange
   - if you would like to take part in the exchange or not, and why

CGP Practice Exam Paper — GCSE Spanish

General Certificate of Secondary Education

Surname

Other names

Candidate signature

H

GCSE
Spanish
Reading Paper 1

Higher Tier

Time allowed: 50 minutes.

Instructions to candidates
- Write in black or blue ink or ballpoint pen.
- Write your name and other details in the spaces provided above.
- Answer **all** questions in the spaces provided.
- Answer the **section A** questions in **SPANISH**.
  Answer the **section B** questions in **ENGLISH**.
- Give all the information you're asked for, and **write neatly**.

Information for candidates
- The maximum mark you can get for this paper is 45.
- The marks available are given in brackets at the end of each question.
- There are 10 questions in this paper.

For marker's use
Q	Attempt Nº
	1	2	3
1			
2			
3			
4			
5			
6			
7			
8			
9			
10			
Total 45			

© 2002 CGP

SECTION A — Preguntas y Respuestas en **Español**

1. Lee el anuncio.

* El hotel está situado cerca del aeropuerto
* El precio de las habitaciones para uso individual es el 75% de la habitación doble
* Cada habitación tiene vista al mar
* Desayuno para niños (hasta doce años) 50% del precio para adultos
* Menú especial para bebés
* Impuestos no incluidos

Cuatro de las frases son verdaderas. Escribe **V** (verdad) en las **4** casillas adecuadas.

Ejemplo: El hotel no está lejos del aeropuerto [V]

a) Una persona sola paga el setenta y cinco por ciento de la habitación doble [ ]

b) Desde las habitaciones se ve la costa [V]

c) Desayuno gratis para niños [ ]

d) Menú infantil [V]

e) Hay que reservar [ ]

f) Cama gratis hasta los cinco años [ ]

g) El IVA no va incluido [V]

(4)

Spanish Higher — Reading Paper 1

2.

UN FUTBOLISTA FAMOSO

"Creo que ya le he dedicado bastante tiempo al fútbol y ahora deseo disfrutar de mis aficiones. Pienso que es la mejor decisión para mí y para mi familia."
Con estas palabras "Pili" anunció hace unas semanas su retirada del mundo de fútbol. En un breve comunicado explicó las causas: no se siente suficientemente motivado para tratar de alcanzar una quinta copa mundial y prefiere jugar al golf en el futuro.

Lee las frases.
Escribe **V** (verdad), **M** (mentira) o **?** (no se sabe).

Ejemplo:	Pili no quiere jugar más al fútbol	V
a)	Pili anunciará su decisión mañana	
b)	Pili no quiere tomar parte en la copa mundial	
c)	Pili no está bien de salud	

(1)
(1)
(1)

Spanish Higher — Reading Paper 1

3. **Corresponsales**

Lee esta información.

> **Marisol**
> Hola. Me llamo Marisol. Tengo quince años. Mi padre es cartero y mi madre es ama de casa. Vivimos en una casa bastante pequeña en el campo. Mi casa es muy bonita.
>
> **Nacho**
> Soy Nacho y tengo tres hermanos y cuatro hermanas. Soy el menor. Vivimos en un piso grande en el centro de la ciudad.
>
> **Amabel**
> Hola. Mi nombre es Amabel y soy hija única. Somos cinco en casa porque vivo con mis padres y mis abuelos. Tenemos un perrito.

Answer the questions in **English**.

a) How old is Marisol? .... (1)

b) What do her parents do?
   i) .... (1)
   ii) .... (1)

c) Give **2** details about her house.
   i) .... (1)
   ii) .... (1)

d) How many brothers and sisters has Nacho?
   .... (1)

e) Who else lives with Amabel and her parents? .... (1)

f) What pet does she have? .... (1)

4. Una Carta

> Muy señora mía,
>
> El 2 de enero, fui a su tienda con mi hermana. Compramos una falda. Cuando volvimos a casa encontramos que estaba demasiado grande. ¿Puede cambiarla por otra? Tengo el recibo.
>
> Le saluda atentamente,
>
> Conchi Márquez

Rellena los detalles.

Ejemplo: Nombre del cliente: ....Conchi Márquez....

a) Artículo: .... (1)

b) Fecha de compra: .... (1)

c) Problema: .... (1)

d) Solución: .... (1)

5. **El Tren**

Lo que más me gusta del viaje en tren es la vista por la ventanilla.

¿Qué le gusta más al señor?
Marca una señal (✔).

A el tren ☐

B el paisaje ☐

C los pasajeros ☐

D dormir ☐

(1)

6. **El tiempo que hace**

A La previsión meteorológica para hoy es terrible.

B En el norte de España fuertes lluvias.

C Vientos fríos en todo el país principalmente en el centro.

D Cielos nubosos en la costa mediterránea.

E En Asturias neblina.

F Habrá nieve en los Pirineos.

Pon la letra adecuada en la casilla.

Ejemplo: mal tiempo por todas partes — A

a) va a llover mucho (1)

b) buen tiempo para los esquiadores (1)

c) cielo cubierto en el sur (1)

d) hará frío pero no va a nevar (1)

7. **Publicidad**

A ¿No puede encontrar un piso? Nosotros le solucionamos este problema de vivienda inmediatamente. *Inmobiliaria Oretado*. Ponemos techo a sus sueños.
Llámenos al teléfono 12 53 18 89

B Si tu coche no funciona la solución está en *Carmina*. *Carmina* somos especialistas en la reparación de automóviles.
Estamos en Paseo de los Santos 18, Argela.

C *Casa Manolí*. Tenemos la fruta más fresca de Asturias y de toda la península. Encuentre los postres más saludables en casa *Manolí*.
Puesto 21 en el mercado de Calatrava

D Llegar a un destino tras largas horas sin reparar en los cambios de clima y sin temer por las arrugas del traje. *Tindari:* un nuevo tejido ligero y suave.

E El paraíso fiscal. Si quiere alto interés con menos impuestos debe visitarnos en *Superfondo Bilbao*. También cambio sin comisión para sus vacaciones.
Llame al 700 16 17 18.

Leave blank

Escribe la letra del anuncio que corresponde mejor:

Ejemplo: La persona que necesita un buen banco. ☐ E

a) La persona que no está satisfecha del lugar donde vive. ☐ (1)

b) La persona que quiere una dieta más sana. ☐ (1)

c) La persona que necesita ropa inarrugable. ☐ (1)

d) La persona que tiene problemas con su medio de transporte. ☐ (1)

Spanish Higher — Reading Paper 1

8.   El Baloncesto

CLUB DE MASNOU

El equipo se llama "El club baloncesto de Masnou" y es el mejor de la región. Los miembros del equipo tienen entre quince y dieciséis años. Como la mayoría de ellos, Sancho empezó a jugar al baloncesto cuando tenía diez años.

La estrella del equipo, Miguel, dice que entrenan una vez a la semana. "Me gustaría entrenar más".

Hoy muchos miembros empiezan a practicar otros deportes — hockey sobre patines, fútbol, natación, pero todos prefieren el baloncesto porque dicen que es mucho mejor.

Lo único de que se queja es que no suelen jugar con otro equipo. "No hay muchos jóvenes por aquí que juegan al baloncesto." También, les gustaría tener otro uniforme.

Contesta en **español**.

Ejemplo: ¿Qué edad tienen los miembros del equipo?

........................*entre 15 y 16 años*..

a) ¿Desde qué edad juega Sancho al baloncesto?

....

(1)

b) ¿Con qué frecuencia entrenan?

....

(1)

c) ¿Qué otros deportes practican los miembros del equipo?

....

(1)

d) ¿Por qué no pueden jugar con otros equipos?

....

(1)

e) ¿Les gusta su uniforme?

....

(1)

Spanish Higher — Reading Paper 1

9. **La Navidad en Argentina**

En las grandes ciudades de los países de habla española las Fiestas Navideñas han adquirido un carácter internacional. En argentina, por ejemplo, se ha importado el arbolito de Navidad que, junto con el nacimiento, adorna las casas, las tiendas y las ciudades. La tradicional cena incluye el delicioso pavo al horno, los pasteles y bombones y se bebe champán. En el pasado la seguía el baile familiar improvisado. En el presente se celebra en salones sociales adornados. A medida que las distancias se acortan entre los países los festejos de la Navidad tienden a uniformarse.

Escribe **V** (verdad) o **M** (mentira).

Ejemplo: No se celebra la Navidad en Argentina. ☐ M

a) Los argentinos hablan español. ☐ (1)

b) No se ve árboles de Navidad en Argentina. ☐ (1)

c) A los argentinos no les gusta bailar. ☐ (1)

d) Actualmente les gusta más el baile familiar. ☐ (1)

[BLANK PAGE]

SECTION B — Questions and Answers in **English**

10.   **A Frightening Experience**

La señora Aresti tiene sesenta años. El otro día salía de su apartamento en Bilbao cuando la atacó de repente un asaltador que le robó su monedero.

Al oír el ruido su vecina llegó corriendo para ayudar a la pobrecita. Esta vecina que era una mujer bastante joven llamó a la policía. Los policías llegaron en seguida porque se preocupaban por el bienestar de la señora Aresti.

A pesar del susto ella pudo describir al asaltador. Era alto con el pelo rizado y llevaba vaqueros muy sucios. Al oír la descripción, uno de los policías dijo "Creo que lo conocemos". Este hombre ha atacado a otras mujeres durante el mes pasado.

Desafortunadamente la señora perdió todo el dinero que tenía.

Answer in **English**.

a) How old is Señora Aresti?

.... (1)

b) What happened in the attack?

.... (1)

c) Who called the police?

.... (1)

d) What do we know about this person?

.... (1)

e) Why did the police come very quickly?

.... (1)

f) What exactly was the attacker wearing?

.... (1)

g) What did the police think when they heard his description?

.... (1)

h) What was the outcome of the attack for Señora Aresti?

.... (1)

END OF TEST

(45)

Spanish Higher — Reading Paper 1

General Certificate of Secondary Education

| CGP | Practice Exam Paper — GCSE Spanish |

Surname

Other names

Candidate signature

H

GCSE
Spanish
Reading Paper 2

Higher Tier

Time allowed: 50 minutes.

Instructions to candidates
- Write in black or blue ink or ballpoint pen.
- Write your name and other details in the spaces provided above.
- Answer **all** questions in the spaces provided.
- Answer the **section A** questions in **SPANISH**.
  Answer the **section B** questions in **ENGLISH**.
- Give all the information you're asked for, and **write neatly**.

Information for candidates
- The maximum mark you can get for this paper is 45.
- The marks available are given in brackets at the end of each question.
- There are 11 questions in this paper.

For marker's use
Q	Attempt Nº
	1	2	3
1			
2			
3			
4			
5			
6			
7			
8			
9			
10			
11			
Total 45			

© 2002 CGP

SECTION A — Preguntas y Respuestas en **Español**

1. Lee esta postal.

> Hola María,
>
> Aquí en el colegio hay veinticinco alumnos en mi clase. Los lunes tengo seis clases pero no muchos deberes. Prefiero estudiar las ciencias pero me encanta sobre todo la biología. No me gustan nada los idiomas.
> Me gusta mi colegio. Y ¿tú?
>
> Isabel

Pon ✔ en las casillas adecuadas.

Ejemplo: hay 5 alumnos en mi clase ☐
hay 15 alumnos en mi clase ☐
hay 25 alumnos en mi clase ✔

a) Tiene 16 clases el lunes ☐
Tiene 6 clases el lunes ☐
Tiene 7 clases el lunes ☐ (1)

b) Tiene muchos deberes ☐
No tiene muchos deberes ☐
Tiene deberes a veces ☐ (1)

c) Isabel prefiere francés ☐
Isabel prefiere biología ☐
Isabel prefiere matemáticas ☐ (1)

d) Le gusta el alemán ☐
No le gusta el alemán ☐
Le interesan los idiomas ☐ (1)

e) El colegio es bueno ☐
El colegio es malo ☐
El colegio es regular ☐ (1)

Spanish Higher — Reading Paper 2

2. En el hotel.

En cada casilla, escribe la letra correcta.

    A   Quisiera reservar una habitación con dos camas individuales para dos noches.

    B   Quisiera reservar una habitación con cama individual y con ducha.

    C   Quisiera reservar una habitación doble con ducha.

    D   Quisiera confirmar la reserva de una habitación con cama de matrimonio y baño.

    E   Quisiera reservar una habitación con tres camas individuales y ducha para una noche.

    F   Quiero confirmar la reserva de una habitación con cama individual y con baño y televisor.

Spanish Higher — Reading Paper 2

Ejemplo: A

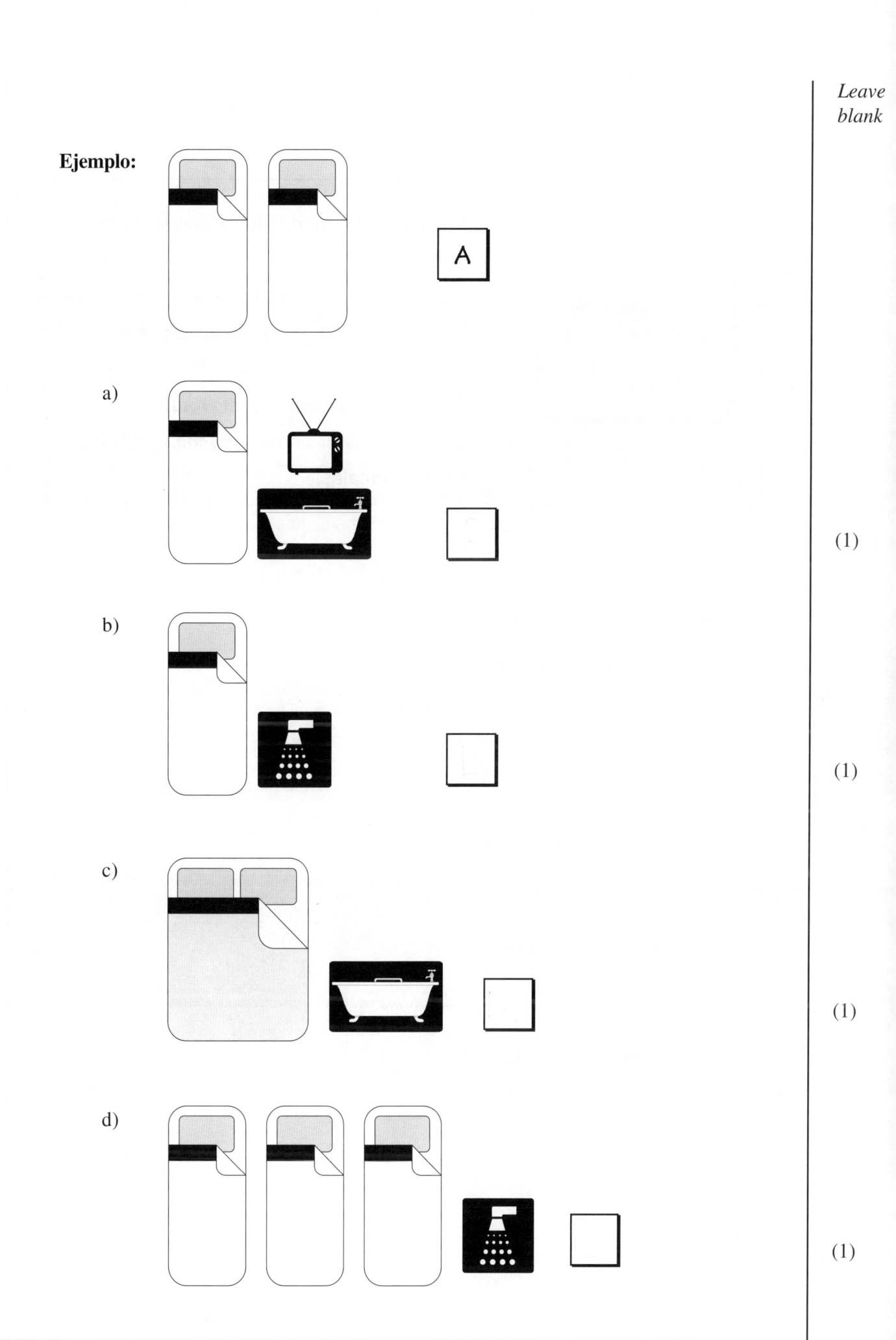

a) (1)

b) (1)

c) (1)

d) (1)

Spanish Higher — Reading Paper 2

© 2002 CGP

3. El fútbol.

El primer partido de fútbol tuvo lugar en Inglaterra en el siglo dieciocho. Ahora es el deporte más popular del mundo y en España hay muchos equipos famosos, por ejemplo el Real Madrid y el Barcelona. También hay futbolistas famosos, como Raúl y Guardiola. Cada año hay muchos partidos internacionales.

Contesta en **español**.

Ejemplo: ¿Cuál es el tema del texto?

el fútbol

a) ¿Cuándo empezó el fútbol?

.... (1)

b) ¿Dónde empezó el fútbol?

.... (1)

c) ¿Qué es el Real Madrid?

.... (1)

d) ¿Quién es Guardiola?

.... (1)

4. Busca la frase correcta para cada persona.
No necesitarás todas las frases.

1. Todos mis amigos trabajan en un supermercado los sábados y ganan dinero. Yo no puedo salir con ellos porque no gano dinero.

2. Cada sábado mi padre me da cincuenta euros pero lo gasto todo en un día así que no puedo comprar nada durante la semana.

3. Mis padres me pagan si ayudo en casa. Ahorro el dinero para las vacaciones.

4. No me gusta el cine y mis gastos personales son muy pequeños.

A   Mis padres me dan dinero si lavo los platos. ☐

Ejemplo: B   No necesito mucho dinero. [4]

C   Mis amigos no trabajan. ☐

D   No tengo dinero porque no tengo empleo. ☐

E   Gasto todo mi dinero en cuanto lo recibo. ☐

5. Lee este artículo.

LOS REYES MAGOS

El Día de los Reyes viene el seis de enero, pero los Reyes vienen el cinco por la noche mientras los niños duermen. Vienen montados a camello y pasan en su camino hacia Belén dejando en las botas que los niños han puesto en el balcón, los regalos que han pedido.

En las grandes ciudades hay una procesión de Reyes Magos que pasa por los barrios pobres depositando regalos para los pequeños. Normalmente los mayores no reciben regalos el Día de los Reyes Magos. Generalmente el sol brilla y los niños, acompañados de alguna persona mayor, van a enseñar a sus amiguitos lo que les han traído los Reyes.

Elije la segunda parte de cada frase.

- **A** una carta.
- **B** los niños pobres.
- **C** Belén.
- **D** los camellos.
- **E** en las botas.
- **F** el seis de enero.
- **G** en las grandes ciudades.
- **H** los padres.
- **I** sus regalos.
- **J** la noche.

Ejemplo: El Día de los Reyes es [F]

a) Los Reyes vienen durante [ ] (1)

b) Los Reyes están haciendo un viaje a [ ] (1)

c) Dejan los regalos [ ] (1)

d) Los Reyes desfilan [ ] (1)

e) Los niños quieren enseñar a sus amigos [ ] (1)

Spanish Higher — Reading Paper 2

6. El trabajo de Rosita.

Hago muchas cosas en mi trabajo. Por ejemplo, hago la compra, preparo la comida, lavo la ropa de toda la familia y la plancho. Trabajo largas horas sin salario ni vacaciones. Sin embargo, me gusta mi vida. No la cambiaría por nada.

Escribe la letra correcta en la casilla.

Ejemplo: ¿Qué hace Rosita?

    A. mucho
    B. poco
    C. demasiado
    D. bastante

                                                                                                           A

a) ¿Qué trabajo tiene Rosita?

    A. cocinera
    B. camarera
    C. enfermera
    D. ama de casa

(1)

b) Qué opinión tiene de su trabajo?

    A. pesimista
    B. positiva
    C. terrible
    D. malo

(1)

Spanish Higher — Reading Paper 2

7. Accidente en la autopista.

Hace poco hubo varios heridos en una autopista cerca de Madrid. La gente quería matar al conductor que había circulado por el lado contrario. ¡Te vamos a matar! ¡Asesino! gritaba. No fue linchado gracias a la policía.

La gente pensaba que lo hizo a propósito pero él lo explicó así: "Era de noche. Era una carretera nueva. Seguí unos coches. Me equivoqué. Entré en una autopista sin darme cuenta, por el carril contrario. Había tomado unas cervezas."

Eso es verdad. El control de alcoholemia que hizo la policía dio positivo.

Pon ✔ en las **5** casillas más adecuadas.

Ejemplo: El accidente tuvo lugar recientemente. ✔

a) Nadie fue herido en el accidente. ☐

b) El accidente tuvo lugar en una autopista. ☐

c) La gente trató de ayudar al conductor. ☐

d) El conductor se equivocó de carril. ☐

e) No había otros coches en el carril. ☐

f) El conductor no conoció bien la carretera. ☐

g) El conductor había bebido alcohol. ☐

h) La policía le sometió a la prueba de alcohol. ☐

i) El accidente tuvo lugar durante el día. ☐

(5)

8. Lee esta carta.

> Hola Jaime,
>
> ¿Qué tal? Recibí tu carta ayer y me alegró mucho tu invitación. Desafortunadamente no podré ir en junio porque voy a Chile con un grupo de mi colegio. ¿Sería posible en agosto? Me gustaría mucho conocer a tu familia y ver la ciudad donde vives.
>
> En Chile vamos a ayudar en una escuela. Hablaremos inglés con los pequeños pero también iremos de excursión a las montañas. Creo que voy a pasarlo bomba.
>
> ¿Qué haremos en agosto? Creo que hay una playa bonita cerca de tu casa ¿verdad? Me gusta nadar. Y a ti ¿te gusta también?
>
> Escribe pronto
>
> Tim

Empareja las dos partes de las frases.

- **A** visitará una ciudad española
- **B** de ir a España
- **C** piensan ir a las montañas
- **D** todo estará bien en Chile
- **E** con un grupo de su colegio
- **F** ayer
- **G** quiere practicar la natación
- **H** si a Jaime le gusta la natación
- **I** visitar la ciudad de Jaime
- **J** tiene que ayudar a los niños chilenos

Ejemplo: Tim recibió la carta   **F**

a) Tim tiene ganas   ☐ (1)

b) Tim va a Chile   ☐ (1)

c) En agosto   ☐ (1)

d) Tim dice que quiere   ☐ (1)

e) Para divertirse en Chile   ☐ (1)

f) El grupo inglés   ☐ (1)

g) Tim piensa que   ☐ (1)

h) Tim quiere saber   ☐ (1)

Spanish Higher — Reading Paper 2

SECTION B — Questions and Answers in **English**

9.

GRAFFITI

En los barrios pobres de Nueva York apareció hace un tiempo una nueva forma de "graffiti" (pintadas, como se dice en español) Los jóvenes pintan símbolos, banderas, imágenes de cómics etc. Pintan sobre todo en los metros, en los túneles, en los puentes y en otros lugares por donde la policía no pasa.

Este movimiento popular ha llegado también a España, con otras modas como el "break-dance", la moda de llevar ropa deportiva, zapatillas de deporte y gorras de béisbol.

Example: What Spanish word is given for "graffiti"?

Pintadas

a) Why do young New Yorkers choose places like tunnels and bridges for their graffiti?

.... (1)

b) Besides break-dancing, what other fashion in Spain is mentioned?

.... (1)

10.

Como en todo el mundo, en España hay una campaña antitabaco. Está prohibido vender tabaco a los menores de dieciséis años. Se prohibe fumar en los transportes públicos, en los grandes almacenes, en los hospitales etc. Se pueden imponer multas de más de diez mil euros a las personas que venden tabaco a los menores.

a) What measures have been taken as a result of the campaign? Give **4** details.

i) .... (1)

ii) .... (1)

iii) .... (1)

iv) .... (1)

b) What might happen to people who do not obey the new law?

.... (1)

11.

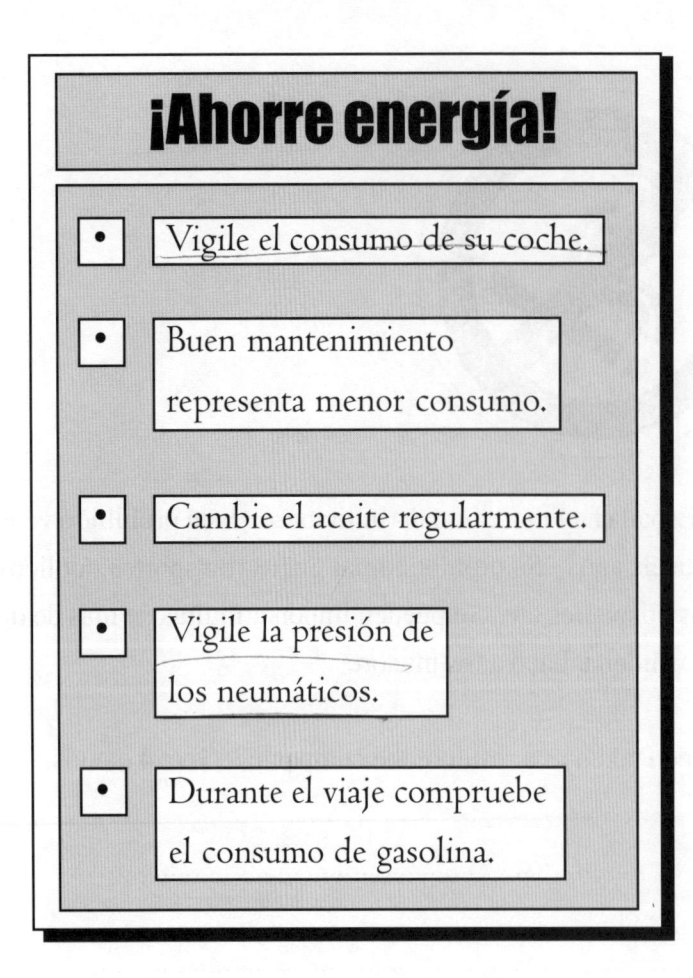

¡Ahorre energía!

- Vigile el consumo de su coche.
- Buen mantenimiento representa menor consumo.
- Cambie el aceite regularmente.
- Vigile la presión de los neumáticos.
- Durante el viaje compruebe el consumo de gasolina.

According to this leaflet what 2 things, apart from the oil, should be checked regularly?

i) *Fuel consumed* (1)

ii) *Pressure of tyres* (1)

END OF TEST

(45)

/ **General Certificate of Secondary Education**

Surname

Other names

Candidate signature

H

GCSE
Spanish
Reading Paper 3

Higher Tier

Time allowed: 50 minutes.

Instructions to candidates
- Write in black or blue ink or ballpoint pen.
- Write your name and other details in the spaces provided above.
- Answer **all** questions in the spaces provided.
- Answer the **section A** questions in **SPANISH**.
  Answer the **section B** questions in **ENGLISH**.
- Give all the information you're asked for, and **write neatly**.

Information for candidates
- The maximum mark you can get for this paper is 45.
- The marks available are given in brackets at the end of each question.
- There are 13 questions in this paper.

Q	Attempt Nº		
	1	2	3
1			
2			
3			
4			
5			
6			
7			
8			
9			
10			
11			
12			
13			
Total 45			

© 2002 CGP

SECTION A — Preguntas y Respuestas en **Español**

1.

TV schedule:
- lunes: VIAJES
- martes: Zoo del Mundo
- miércoles: Gobierno
- jueves: Hoy en España
- viernes: Cocina Moderna
- sábado: DINERO
- domingo: Atletismo 21

¿En qué día se puede ver los programas de televisión?

Ejemplo: el programa de economía ....*sábado*.......

a) el programa de comida .... (1)

b) el programa de deportes .... (1)

c) el programa de animales .... (1)

d) el programa de vacaciones .... (1)

Spanish Higher — Reading Paper 3
© 2002 CGP

2. Las fotos de Juan

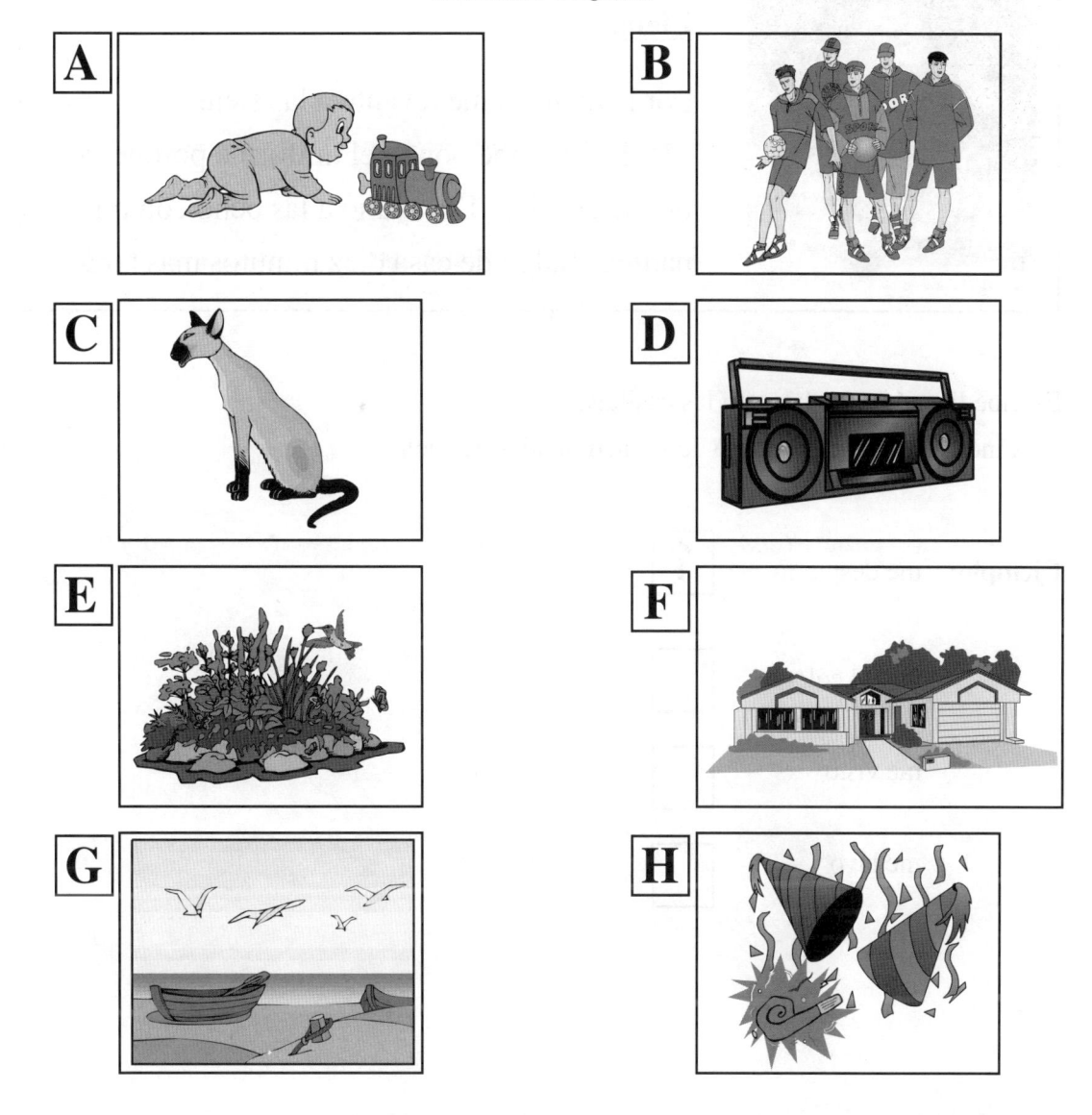

Ejemplo: en esta foto se ve el gato de Juan **C**

a) En esta foto se ve el jardín de Juan. No le gusta trabajar en el jardín. ☐ (1)

b) Esta foto se sacó el año pasado cuando estaba de vacaciones en la costa. ☐ (1)

c) En esta foto sólo tenía tres años. Está jugando con su juguete favorito. ☐ (1)

d) Juan es muy deportista. Juega con el equipo del colegio. ☐ (1)

Spanish Higher — Reading Paper 3

© 2002 CGP

3.

Elena

Por la mañana me levanto a las siete.
Me ducho y me pongo el uniforme porque es un día escolar. Desayuno a las ocho con mis padres. Salgo de casa diez minutos más tarde.

Escribe los números 1 a 4 en las casillas,
para indicar el orden correcto de las actividades de Elena.

Ejemplo: me despierto `1`

voy al colegio ☐ (1)

me visto ☐ (1)

me lavo ☐ (1)

4. **Mi Madre**

Mi madre va a la oficina por la mañana pero vuelve a casa al mediodía cada día.

Cuando está trabajando en la cocina le gusta cantar pero no canta muy bien y el gato siempre se va corriendo.

Por las noches después de la cena Mamá está muy cansada.

Sin embargo, cuando salimos los sábados nos divertimos mucho. A veces jugamos al tenis o vamos de compras.

Lee las palabras, y escribe la letra correcta en cada casilla. No se necesitan todas las letras.

- **A** cansada
- **B** cantar
- **C** sale
- **D** escuchar la radio
- **E** llevar
- **F** dormir
- **G** trabaja
- **H** tiendas

Ejemplo: mi madre [G] todos los días

a) Cuando canta, el gato [ ] (1)

b) Después de la cena tiene ganas de [ ] (1)

c) Los sábados no está [ ] (1)

d) Le gusta ir a las [ ] (1)

5. ¡Qué Rico!

Una de las comidas típicas de España es la paella. ¡Es deliciosa! La paella es muy popular con los turistas, especialmente los alemanes. Les gustan mucho los churros y el queso pero la paella es la comida preferida de los alemanes. En Inglaterra se puede comerla en restaurantes españoles pero en el sur de España la mayoría de las amas de casa saben hacer una paella sabrosa.

Ejemplo: ¿Qué comida es popular con los turistas en España?

la paella

a) ¿Qué otras cosas les gustan a los alemanes aparte de la paella?

.... (1)

b) ¿Dónde se puede comer paella en Inglaterra?

.... (1)

c) ¿Cómo es la paella que hacen las amas de casa españolas?

.... (1)

6. ¿Verdadero o Falso?

Lee este anuncio:

> ¿Deseas escribirte con jóvenes
> españoles de la misma edad?
> Tienes que telefonear a C.O.M.
> con tus detalles personales.
> Por ejemplo, tu nombre, tu edad etc.
> Tienes que indicar también tus intereses.

¿Verdadero o Falso? Pon ✔ en las casillas adecuadas.

		V	F
Ejemplo:	Es para jóvenes.	✔	
a)	Hay que escribir a C.O.M.			(1)
b)	Hay que decir cómo te llamas.			(1)
c)	No es necesario decir cuántos años tienes.			(1)
d)	Hay que decir lo que te gusta hacer en tu tiempo libre.			(1)

Spanish Higher — Reading Paper 3

7. **Las opiniones de Rafael**

Hola. Me llamo Rafael. En el colegio no me gusta mucho trabajar. Tengo seis clases cada día. Los lunes tengo inglés y matemáticas por la mañana y ciencias por la tarde. Hay solamente una clase que es interesante – ¡los deportes!

Después del colegio practico muchos deportes, por ejemplo el tenis y el baloncesto. Lo paso bomba en el centro de deportes y voy allí también los fines de semana.

En casa tengo que ayudar a mi madre. En general no me gusta mucho, pero sí me gusta cocinar. Paso mucho tiempo en la cocina preparando la comida para mi familia.

¿Cuál es la opinión de Rafael?

Escribe   **P** (positiva)
           N (negativa)
           P+N (positiva y negativa)

Ejemplo: los deportes   [P]

a)   el colegio   [   ]   (1)

b)   las faenas en casa   [   ]   (1)

Spanish Higher — Reading Paper 3

8. **La cesta de la compra**

Consejos sobre dónde comprar las mejores verduras.

Nuestro corresponsal Felipe nos dice que las mejores verduras están en el mercado de Zoria.

"¡Hola Felipe! ¿Cómo están las verduras?"

"Muy buenas como siempre. Podemos comprar todavía lechugas aunque un poco más caras a 0.25 euros. También encontramos tomates estupendos de la región a 0.35 euros el kilo."

"Y, ¿qué tal la fruta?"

"Pues, tenemos las primeras castañas de la temporada, todavía un poco caras y las naranjas muy buenas, sobre todo las de zumo. Si os gustan los plátanos – ¡malas noticias! porque no vamos a recibir plátanos hasta la próxima temporada."

Lee este artículo, y busca la palabra correcta para cumplir cada frase.

cuestan más	cuestan menos	son malos
son buenos	plátanos	naranjas
lechugas	pequeños	
las de zumo	consejos	

Ejemplo: este artículo da .... *consejos* .... sobre dónde comprar verduras.

a) las lechugas .... (1)

b) los tomates .... (1)

c) no quedan .... (1)

d) las mejores naranjas son .... (1)

Spanish Higher — Reading Paper 3

9. **Pingüino**

Fred tenía ocho años cuando conoció a Pingüino. Fred es sordo y desde pequeño permanece silencioso, incapaz de relacionarse con otras personas. Pingüino, un perro negro, acompañaba a la psicóloga que trataba a Fred.

La psicóloga creía que Fred tenía un severo retraso mental. Sin embargo después de conocer a Pingüino se notaba que el niño demostraba afecto por el perro y después de siete meses un día abrazó cariñosamente a la psicóloga.

Escribe   V   (verdad)
          M   (mentira)
          ?   (no se dice)

Ejemplo: La psicóloga se llama Pingüino.   ☐ M

a) Fred tiene problemas del oído.   ☐   (1)

b) A Fred no le gustaba nada el perro.   ☐   (1)

c) Fred es el animal de compañía de la psicóloga.   ☐   (1)

d) Al fin de siete meses Fred empezó a leer.   ☐   (1)

Spanish Higher — Reading Paper 3

10. **El día femenino mundial**

> *Cada 21 de abril se celebra el día femenino mundial. Este año lo celebrará el día 22 porque el 21 es domingo. El tema de este año es la mujer y el mundo de trabajo. Pero ¿por qué es necesario hablar de este tema? Pues, hay muchos países donde la mujer no tiene la misma igualdad de oportunidades que aquí.*
>
> *Por ejemplo, en unos países árabes no se permite que las mujeres trabajen fuera de casa.*
>
> *Además la enseñanza está prohibida para las chicas. En todos los países de Europa las mujeres pueden hacer lo que quieran pero todavía no reciben siempre los mismos sueldos que los hombres. ¡Qué barbaridad! ¿no?*

a) ¿Por qué han cambiado la fecha del día femenino?

    .... (1)

b) ¿Qué no pueden hacer las chicas en unos países árabes?

    .... (1)

c) ¿Qué desventaja hay para algunas mujeres europeas?

    .... (1)

SECTION B — Questions and Answers in **English**

11.

Reportero	¿Les preocupa de verdad el alcoholismo?
Patricia	Hombre, es un gran problema. Si no hacemos nada nuestros hijos sufrirán las consecuencias.
Reportero	¿Está usted de acuerdo?
Anita	Claro. Y el problema es que los alcohólicos son cada vez más jóvenes.
Reportero	¿Qué opina usted?
Juan	La ley prohibe a los bares servir bebidas alcohólicas a menores de dieciocho años pero los bares no cumplen esa ley.
Reportero	¿Qué pueden hacer los padres con un hijo alcohólico?
Daniel	Los padres deben hablar con sus hijos.
Reportero	¿Está usted de acuerdo?
Sancho	Sí. Y, si es necesario, deben ir a ver un médico o a un psicólogo.

Example: Who thinks the next generation will be affected?   *Patricia*

a) Who quotes the law about serving alcohol to minors?

.... (1)

b) Who thinks the best people to help young people are their parents?

.... (1)

c) Who thinks those suffering from alcoholism are getting younger?

.... (1)

Spanish Higher — Reading Paper 3

12. **Advantages and Disadvantages**

Read this article about holidays.

En el extranjero:
- es muy interesante
- hay muchas cosas que hacer
- hace demasiado calor
- siempre puedes encontrar edificios históricos

En su propio país:
- es más relajado
- el ambiente es agradable
- no hay mucha variedad
- puedes encontrarte con los amigos

Complete this table:

advantages of being abroad	advantages of being at home
it's interesting	it's more relaxed
....	....
....	....

(2)

(2)

13. Problem Page

> Recibo clases de tenis pero no me gustan nada. He intentado dejarlas pero mis padres dicen que el deporte es muy bueno para la salud. Les he dicho que si las dejo me gustaría aprender a patinar que me interesa más pero no cambian de opinión.
> ¿Cómo puedo convencer a mis padres?
>
> *María*
>
> Respuesta:
> Puedes hablar con tus padres y explicarles de nuevo tu desinterés por el tenis. También tienes que hacerles ver que es el tenis y no el deporte que no te gusta. Tus padres comprenderán que no vale la pena practicar algo que no te interesa. ¡Suerte!

a) What does María want to do?

....

.... (1)

b) Why do María's parents disagree with her?

....

.... (1)

c) Whose side does the reply take? Give a reason for your choice.

....

.... (1)

END OF TEST

General Certificate of Secondary Education

| Surname |
| Other names |
| Candidate signature |

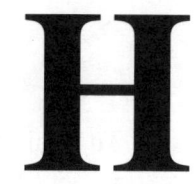

H

GCSE
Spanish
Writing Paper 1

Higher Tier

Time allowed: 60 minutes.

Instructions to candidates
- Write in black or blue ink or ballpoint pen.
- Write your name and other details in the spaces provided above.
- Answer **all** questions in the spaces provided, **in Spanish**.
- If you need more space for rough work or answers, use the blank page(s) in this booklet, or ask for more paper.
- Before the end of the test, cross out **all** rough work.
- Give all the information you're asked for, and **write neatly**.

Information for candidates
- The marks available are given in brackets at the end of each question.
- There are 2 questions in this paper. There are two blank pages.
- To get the highest marks, you must answer each part of the question fully, developing your answers where appropriate.

For marker's use				
Q	Attempt Nº		
	1	2	3
1			
2			
Total 40			

© 2002 CGP

1.

> "Buscamos a familias inglesas para hospedar a estudiantes españoles durante las vacaciones de verano"

Tu familia quiere hospedar a un estudiante y tú ves este anuncio.

Escribe una carta **en español** de **unas 100 palabras** contestando a este anuncio.

Menciona:
- Dónde viste el anuncio
- Los miembros de tu familia
- Tu casa
- Lo que hay en tu barrio
- Cómo quieres pasar un fin de semana libre con tu visita
- Pregunta: Algo sobre el estudiante que va a alojarse en tu casa

(20)

Spanish Higher — Writing Paper 1

2. Estabas de vacaciones en España y fuiste de camping con tu corresponsal.
Un día volviste al camping y no encontraste tu mochila.

Escribe un informe de **unas 150 palabras en español** para los propietarios del camping.

Utiliza estas notas para el informe:

- ¿dónde?; ¿cuándo?; descripción de la mochila y lo que había dentro
- descripción de tu tienda de campaña y de los campistas cercanos
- ¿cómo reaccionó tu corresponsal?; ¿qué hiciste después?
- ¿cómo pasaste el resto de las vacaciones?

(20)

Spanish Higher — Writing Paper 1

© 2002 CGP

Spanish Higher — Writing Paper 1

[BLANK PAGE]

[BLANK PAGE]

Surname	
Other names	
Candidate signature	

CGP Practice Exam Paper — GCSE Spanish

General Certificate of Secondary Education

H

GCSE
Spanish
Writing Paper 2

Higher Tier

Time allowed: 60 minutes.

Instructions to candidates
- Write in black or blue ink or ballpoint pen.
- Write your name and other details in the spaces provided above.
- Answer **all** questions in the spaces provided, **in Spanish**.
- If you need more space for rough work or answers, use the blank page(s) in this booklet, or ask for more paper.
- Before the end of the test, cross out **all** rough work.
- Give all the information you're asked for, and **write neatly**.

Information for candidates
- The marks available are given in brackets at the end of each question.
- There are 2 questions in this paper. There are two blank pages.
- To get the highest marks, you must answer each part of the question fully, developing your answers where appropriate.

For marker's use			
Q	Attempt Nº		
	1	2	3
1			
2			
Total 40			

© 2002 CGP

1. Recibes esta carta de una amiga española que no has visto durante mucho tiempo. Escribe una carta de **unas 100 palabras en español** contestando a sus preguntas.

> *Cádiz, 7 de julio*
>
> *¡Hola!*
>
> *¿Cómo estás? Hace mucho tiempo que no recibo noticias tuyas. Dime, ¿cómo eres ahora? ¿Puedes describirte?*
>
> *Supongo que vas al mismo instituto. ¿Qué estudias ahora? ¿Qué vas a hacer cuando termines al instituto? ¿Por qué?*
>
> *Me acuerdo que te gusta viajar. Pues, ¿dónde pasaste las últimas vacaciones de verano y qué hiciste allí?*
>
> *Escríbeme muy pronto.*
>
> *Un abrazo,*
>
> *Cristina*

(20)

2. Hiciste un viaje en autocar por una región española.

Escribe un artículo de **unas 150 palabras** para una revista de viajes.

Menciona:

- dónde fuiste, y con quién
- cómo era la región
- lo que hiciste
- un día muy bueno o muy malo - ¿qué pasó?
- si te gustaría hacer otro viaje en autocar o no, y ¿por qué?

(20)

[BLANK PAGE]

[BLANK PAGE]

General Certificate of Secondary Education

CGP Practice Exam Paper — GCSE Spanish

Surname

Other names

Candidate signature

H

GCSE
Spanish
Writing Paper 3

Higher Tier

Time allowed: 60 minutes.

Instructions to candidates
- Write in black or blue ink or ballpoint pen.
- Write your name and other details in the spaces provided above.
- Answer **all** questions in the spaces provided, **in Spanish**.
- If you need more space for rough work or answers, use the blank page(s) in this booklet, or ask for more paper.
- Before the end of the test, cross out **all** rough work.
- Give all the information you're asked for, and **write neatly**.

Information for candidates
- The marks available are given in brackets at the end of each question.
- There are 2 questions in this paper. There are two blank pages.
- To get the highest marks, you must answer each part of the question fully, developing your answers where appropriate.

For marker's use			
Q	Attempt Nº		
	1	2	3
1			
2			
Total 40			

© 2002 CGP

1. Fuiste a la fiesta de cumpleaños de un amigo/una amiga.

Escribe una carta de **unas 100 palabras en español** a tu corresponsal describiéndola.

Menciona:

- Cuándo y dónde pasó la fiesta
- Tu regalo para tu amigo/a
- Algo que hiciste
- Si lo pasaste bien en la fiesta o no. ¿Por qué?
- Lo que vas a hacer para tu cumpleaños

(20)

2. Tu colegio quiere organizar un intercambio con un colegio en España y quiere saber las opiniones de los estudiantes.

Escribe de tus ideas sobre todos estos temas (**unas 150 palabras en español**):
- las ventajas de hacer un intercambio
- los posibles problemas
- cómo viajar a la región elegida
- las facilidades para los jóvenes
- el alojamiento — ¿con familias?
- las mejores fechas para hacer el intercambio
- si te gustaría o no tomar parte en el intercambio, y ¿por qué?

(20)

[BLANK PAGE]